LA PRIMERA GUERRA MUNDIAL
TOMO 1: 1914

La agitación

Por Benjamin Janssens De Bisthoven
Traducido por Marina Martín Serra

Historia | en50MINUTOS.es

LA PRIMERA GUERRA MUNDIAL – 1914, LA AGITACIÓN

- **¿Cuándo?** Del 28 de julio de 1914 al 11 de noviembre de 1918.
- **¿Dónde?** En Europa, Asia, África y Oceanía.
- **¿Beligerantes?**
  - Las Potencias Centrales: el Imperio alemán, Austria-Hungría, Bulgaria, el Imperio otomano.
  - Los Aliados y los países asociados: Francia, el Imperio británico, la Rusia zarista, Italia, Serbia, los Estados Unidos, Japón, China, Bélgica, Rumanía, Portugal, Luxemburgo, Grecia, Albania, Montenegro y la mayor parte de los Estados sudamericanos.
- **¿Resultado?** Victoria de los Aliados. Caída de los imperios alemán, austrohúngaro, otomano y ruso. Aparición de nuevos Estados.
- **¿Víctimas?** Más de nueve millones de muertos.

28 de junio de 1914. El príncipe heredero del Imperio austrohúngaro, el archiduque Francisco Fernando (1863-1914) realiza una visita oficial a Sarajevo. La ciudad se ha vestido con los colores austríacos para la ocasión, y la multitud llena las calles por las que pasará el cortejo imperial, donde también se encuentran siete asesinos que esperan al archiduque en diferentes lugares de su recorrido. Las medidas de seguridad son insuficientes, y hay demasiado pocos guardias. Por la mañana, Francisco Fernando es abatido por las balas que le dispara uno de los conjuradores, Gavrilo Princip (1894-1918), un joven estudiante bosnio militante en la Mano Negra, una

organización nacionalista serbia secreta y terrorista. Los hechos, trágicos y muy graves, sumen a Europa en una crisis de la que no se recuperará: un mes después, la mayor parte del continente está inmersa en una guerra que durará cuatro años, cuatro interminables años de una lucha abominable que cambiará para siempre la faz del mundo y que moldeará todo el siglo XX.

LOS ORÍGENES DEL CONFLICTO

¿Cómo pudo ocurrir la Primera Guerra Mundial? Desde el fin de la guerra en 1918, esta pregunta punzante atormenta continuamente a los historiadores, hasta el punto que hoy es imposible contar las obras que han intentado darle respuesta. A gusto de las corrientes y de las escuelas, o simplemente de las necesidades, se han sucedido decenas de interpretaciones, inclinándose por la responsabilidad de una o de otra potencia, el imperialismo económico, el fatal engranaje de las alianzas, o incluso por el papel de las estrategias militares en el comienzo de las hostilidades. Todas hacen caso omiso de una realidad simple pero esencial: la guerra estalla, nos recuerdan los historiadores Robin Prior y Trevor Wilson, porque los hombres consideran que recurrir a las armas se ha convertido en un procedimiento legítimo. Así pues, la guerra se ve como algo necesario en julio de 1914 antes que nada porque parece imprescindible, o incluso justa. Por consiguiente, hay que comprender la razón por la que esto ocurre.

EL CONTINENTE DEL MIEDO

A principios de 1914, el macrocosmo europeo es una verdadera olla a presión a punto de explotar. Se han formado dos bandos antagonistas, que agrupan a los países más poderosos del continente: por un lado, la alianza entre Alemania y Austria-Hungría y, por el otro, la Triple Entente, formada por Reino Unido, Francia y Rusia. Todos están preparados para la guerra; algunos incluso la consideran como algo deseable. En el espacio de una década, las diferencias políticas entre ambos bloques se han transformado en crisis cada vez más graves, y los presupuestos militares han aumentado de forma espectacular. El miedo es mal consejero, y toda Europa está asustada.

Según el historiador francés Jean-Yves Le Naour, el fenómeno se habría originado con Alemania. Unificada y erigida en el imperio del Segundo Reich —por Prusia tras su victoria contra Francia en 1870-1871—, esta recién llegada al concierto de las naciones se encuentra, en 1914, en la cumbre del poder mundial. Es la segunda potencia industrial del mundo, por detrás de los Estados Unidos; posee una fuerza militar sin igual y ejerce una casi hegemonía política en el Viejo Continente. Sin embargo, a esta Alemania triunfante le cuesta lidiar con su liderazgo. Paradójicamente, cree que es vulnerable y se siente amenazada. Con la formación de la alianza franco-rusa en 1892, en el Reich aumenta el sentimiento de estar acorralado entre dos países hostiles. ¿Acaso Francia no sueña con recuperar Alsacia y la mitad de Lorena, anexionadas por Alemania en 1871? En cuanto a Rusia, también les inquieta terriblemente: desde principios de siglo, el Imperio de los zares vive un despegue económico sin precedentes. Parece que está en condiciones de atrapar a Alemania: sus industrias se desarrollan con un ritmo intenso, así como sus líneas férreas, en parte financiadas por capital francés, algo que no hace más que acentuar la impresión de cerco. Aunque a esta fuente de preocupaciones se le añade otra, de orden demográfico. Con un crecimiento anual de 3 millones de habitantes y una población total de 170 millones en 1914, frente a 750 000 y 65 millones de habitantes respectivamente en el lado alemán, Rusia parece una inmensa marea humana a punto de devorar a un Reich cada vez más influenciado por las ideas pangermanistas de lucha racial por la existencia.

El acercamiento del Reino Unido primero con Francia y, posteriormente, con Rusia, termina transformando los miedos alemanes en pesadilla: en 1904, Londres y París concluyen un entendimiento cordial (Entente Cordial o, originalmente en francés, *Entente Cordiale*) que regula todos sus desacuerdos coloniales. Tres años después, se firma un acuerdo parecido con los rusos. La política londinense realiza un giro espectacular con respecto a dos potencias contra cuyas ambiciones expansionistas se esforzaba por luchar otrora. Durante mucho tiempo se ha afirmado que este acuerdo tenía su origen en la decisión del káiser Guillermo II (1859-1941) de embarcar a Alemania en la construcción de una potente flota de guerra capaz de competir con la Royal Navy. En realidad, tal como destaca el historiador Christopher Clark, los británicos están preocupados sobre todo por reducir las tensiones en las fronteras de su inmenso imperio, donde las fricciones con los rusos y los franceses son frecuentes. Sea como fuere, ahora Alemania se encuentra más rodeada que nunca y, en Berlín, salir de este cerco se vuelve imprescindible. La oportunidad de hacerlo se presentará de la mano de un acontecimiento de dimensiones considerables.

En 1904-1905, por sorpresa general, Japón aplasta a Rusia en una guerra por el control de Manchuria. El régimen zarista parece tambalearse bajo la revolución y los desórdenes interiores; el ejército y la marina rusos resultan muy debilitados. El país no podrá apoyar a Francia si surgen problemas. Esta ocasión es la que Alemania ansiaba para avivar las divisiones en la Entente Cordial y para hacer que se rompa. En 1905 y 1911, el Reich provoca dos crisis internacionales mayores en Marruecos —que Francia ha empezado a colonizar— con la esperanza de minar las relaciones entre Londres y París, pero no obtiene los resultados deseados. Peor todavía, frente a los desafíos de Alemania, la colaboración política entre los dos países se intensifica. Tanto Francia como el Reino Unido tienen miedo de las iniciativas berlinesas, sobre todo porque, debido a sus miedos existenciales, el Reich ha reforzado su capacidad militar. Se hace lo mismo en las filas de la Entente, algo que vuelve a preocupar a Alemania. El fantasma de la guerra comienza a planear sobre Europa.

La tensión aumenta todavía más en Berlín tras la recuperación espectacular de Rusia a principios de los años diez. A partir de ese momento, los responsables políticos y militares alemanes deben encontrar una solución rápida al cerco. Se abre camino la idea de una guerra preventiva, antes de que Rusia se vuelva demasiado poderosa. Sin embargo, ¿quizás todavía se puede dividir a la Triple Entente provocando una nueva crisis internacional en una zona en la que el Reino Unido no tiene un interés directo a intervenir, como en los Balcanes?

CARA A CARA BALCÁNICO

En vísperas de la guerra, los ánimos también están agitados en la península balcánica, donde tres potencias están con el cuchillo entre los dientes: Austria-Hungría, Rusia y Serbia. Todo empieza en 1903 con un golpe de Estado en Serbia.

Ese año, la dinastía real de los Karadjordjevic elimina a la de los Obrenovic. Para el Imperio austrohúngaro, el acontecimiento pronto adquiere dimensiones catastróficas. Mientras que los Obrenovic siempre se habían mostrado fieles a la doble monarquía, y habían apoyado sólidamente al Reino de Serbia, los nuevos amos de Belgrado muestran mucha menos predisposición a hacerlo. No solamente han embarcado a su país en una política de independencia nacional dirigida contra Austria-Hungría, firmando a mansalva importantes contratos de armamento y financieros con el rival francés, sino que además no esconden su ambición de reunir a todos los eslavos del sur en un mismo Estado: Yugoslavia. Se trata de un programa oscuro que solamente puede realizarse con el desmembramiento del Imperio austrohúngaro. Finalmente, para empeorar todavía más la situación, Serbia no duda en animar las tendencias separatistas proserbias en los países vecinos, enviándoles armas y creando, cuando es necesario, redes clandestinas o grupos de guerrilleros.

En Viena, la amenaza se toma en serio especialmente porque concierne a la supervivencia del imperio. Reuniendo a doce grupos nacionales distintos (con el mismo número de lenguas) y a tres religiones, el conjunto habsburguiano es una mezcla de pueblos que viven en un frágil equilibrio. Desde 1867, la situación es estable gracias a un compromiso que instaura una dualidad de los poderes entre húngaros y alemanes, las dos etnias dominantes. No obstante, con minorías que luchan para que se reconozcan sus derechos étnicos en el imperio, ¿quién sabe adónde puede llegar el juego nacionalista de Serbia? Para esquivar el peligro y hacer que Belgrado vuelva en razón, los dirigentes austrohúngaros no escatimarán en medios. A partir de 1906, se prohíben las exportaciones de carne de cerdo serbio hacia la doble monarquía, lo que causará un conflicto comercial que durará tres años y que se llamará «la guerra del cerdo». En 1908, aprovechando que Rusia queda debilitada tras su derrota contra Japón, Austria-Hungría anexiona Bosnia Herzegovina, que ya administraba desde 1878. Al apoderarse definitivamente de este pequeño territorio con la mitad de la población formada por serbios, el objetivo de Viena es a la vez simple y ambicioso: arruinar los proyectos yugoslavos de Serbia con la creación de una entidad política en Austria-Hungría que reúna a la mayoría de los eslavos del sur.

Ilustración procedente de *Le Petit Journal* del 18 de

octubre de 1908. En ella, vemos que Bulgaria declara su independencia, Austria-Hungría anexiona Bosnia Herzegovina y el sultán otomano Abdul Hamid II (1842-1918) mira a su imperio con desesperación.

Por desgracia para los Habsburgo, este cálculo es pésimo. Además de que el proyecto no da sus frutos —los austrohúngaros desconfían demasiado de los eslavos—, la anexión provoca una crisis internacional mayor, que hace que Serbia se alinee más con Francia y Rusia, y radicaliza a los militantes nacionalistas serbios. A partir de 1909, estos últimos se concentran en asociaciones cada vez más violentas, que valoran el terrorismo y la acción armada, como la Narodna Odbrana (Defensa Nacional) o la Mano Negra, que ejerce una gran influencia en la sociedad y la diáspora serbia. Sin embargo, la crisis desata sobre todo la cólera de Rusia, con quien Austria-Hungría había mantenido hasta ese momento una buena relación en los Balcanes. Desde ese momento, ya no se podrá contar con el régimen zarista para calmar las tensiones en la península, e incluso se produce lo contrario. En marzo de 1912, se firma una alianza entre Serbia y Bulgaria, dirigida contra Austria-Hungría y el Imperio otomano, con la bendición de San Petersburgo, y Grecia y Montenegro enseguida se suman al tratado. Un año después, los otomanos, derrotados militarmente, pierden sus últimas posesiones balcánicas en provecho de los cuatro Estados coaliados. Se augura un desenlace oscuro para los dirigentes austrohúngaros. Sin embargo, lo peor todavía está por llegar. A finales de junio de 1913, Bulgaria, convencida de su superioridad militar e insatisfecha con sus conquistas otomanas, se rebela contra sus antiguos aliados. En tres semanas, es derrotada por una vasta coalición antibúlgara, y Serbia se encuentra de nuevo en el bando vencedor. Desde 1912, y gracias a sus victorias, su territorio se amplía un 80 %, su población experimenta un aumento de 1,6 millones de habitantes y su ejército se ha aguerrido. Belgrado ejerce su influencia más que nunca, con gran perjuicio para Austria-Hungría.

En el verano de 1914 los dirigentes de la doble monarquía se quedan sin soluciones políticas frente al desafío serbio. Fracasa un último intento de organizar una liga balcánica para neutralizar a Serbia con Bulgaria, Rumanía y el Imperio otomano. Por consiguiente, la opción militar tiene más partidarios que nunca. En el mes de mayo, incluso el viejo emperador austríaco Francisco José (1830-1916), que hasta ese momento había sido un firme defensor de la línea moderada, se suma a ellos. En Viena se cree que solo una guerra permitirá salvar a la doble monarquía. Ahora solo falta que aparezca una buena ocasión para iniciarla.

EL ATENTADO DE SARAJEVO Y LA MARCHA HACIA LA GUERRA

En este clima belicoso, se produce el asesinato de Francisco Fernando en Sarajevo, el 28 de junio de 1914. En menos de 24 horas, la noticia se difunde por Austria-Hungría y provoca una reacción visceral. Las calles y los edificios se cubren de banderas negras, e incluso los tranvías llevan el color del duelo. En Viena, un poco por todas partes, se forman grupos de curiosos para comentar el atentado. Si bien es cierto que no se llora la muerte del heredero de la Corona, que no era demasiado popular, nadie duda de que su muerte tiene un alcance político considerable. El hombre era conocido por su voluntad de reformar profundamente el imperio, la única medida que creía que podría salvarlo. Tal como destaca Christopher Clark, su muerte pone punto final a todo lo que encarnaba, «el futuro de la dinastía, del imperio y de la idea habsburguiana que lo unificaba»[1] (Clark 2013, 380).

---

1. Cita traducida por 50Minutos.es

La investigación austrohúngara conduce rápido a Serbia. Parecería que los asesinos habrían podido ser dirigidos y armados por algunos altos responsables del ejército serbio afiliados a la Mano Negra. Estos resultados son suficientes para hacer que se instale la duda sobre una posible complicidad de Belgrado. Viena encuentra un pretexto suficiente para iniciar una guerra. Sin embargo, no es cuestión de lanzarse directamente al ataque contra Serbia. Primero, Austria-Hungría tiene que cubrirse las espaldas. El 5 y el 6 de julio obtiene el apoyo sin reservas del gobierno alemán, que incluso le anima a actuar sin dilación. Para Berlín, no podría ser de otro modo. Puesto que la doble monarquía es el aliado más fiable del Reich en el continente, es de vital importancia no ganarse su enemistad. La oportunidad es demasiado buena como para no intentar debilitar a la Triple Entente. Los dirigentes alemanes estiman que los rusos todavía no se han recuperado lo suficiente de su desastre japonés como para intentar salvar a Serbia. Y, además, Londres y París les detendrían ya que no tienen ningún interés en entrar en guerra por los Balcanes. Finalmente, la relación de fuerzas militar está a favor de Alemania, que no tiene que temer una guerra continental.

Los austrohúngaros, respaldados por el Reich, se ponen de acuerdo para enviarle un ultimátum a Belgrado, exigiendo una serie de medidas para garantizar la seguridad del imperio: sobre todo la purga en la administración y en el ejército de Serbia de los individuos implicados en actividades antiaustríacas, y la realización de una investigación bajo supervisión austrohúngara destinada a castigar a los culpables del atentado. En la práctica, una aceptación por parte de Serbia de las cláusulas que contiene el ultimátum haría que se transformase en un Estado satélite de Austria-Hungría, mientras que un rechazo la conduciría inevitablemente hacia la guerra.

Puesto que Viena espera al fin de la siega para facilitar la movilización de los soldados, el ultimátum no se le hace llegar a Belgrado hasta el 23 de julio. Dos días después, es oficialmente rechazado por el Gobierno serbio. El día 28, Austria-Hungría declara la guerra a Serbia. Entretanto, Rusia comienza a agitarse. Después de sus decepciones asiáticas y del acuerdo concluido en 1907 con el Reino Unido, los Balcanes constituyen su última esfera de influencia. Así pues, la inacción conduciría a su abandono. La pérdida de Serbia resultaría desastrosa a nivel estratégico: haría desaparecer una amenaza para la rival austrohúngara en su frente sur y comprometería el equilibrio balcánico. Finalmente, el propio zar se ve empujado a la guerra por el pueblo ruso, ofendido por la noticia del ultimátum. Tras la revolución de 1905, que casi lo expulsa del trono, ir en contra de la opinión pública sería peligroso para él a nivel político. Por consiguiente, el 26 de julio Rusia entra en la fase preparatoria de la guerra, una especie de premovilización militar. Berlín considera que esta medida es una amenaza y, el 29, ordena a Rusia que pare inmediatamente, so pena de una respuesta militar. No obstante, los generales rusos no pueden anular el proceso. El zar, que desde ese momento considera que el conflicto es inevitable, anuncia el 30 de julio la movilización general a la que, el 1 de agosto, responde una declaración de guerra de Alemania. Francia, que se niega a permanecer neutral, como le había pedido Berlín, también recibe amenazas el 3 de agosto.

Desde su balcón, el káiser alemán anuncia a la multitud la entrada en guerra del país contra Rusia.

En ambos bandos, la población recibe la noticia de la entrada en guerra con entusiasmo. En las capitales y las grandes ciudades se celebran inmensas manifestaciones patrióticas. Los ciudadanos procedentes de los países enemigos a menudo son acosados y sus bienes son saqueados. En el campo, el ambiente cada vez es más sombrío; la guerra se llevará a muchos brazos necesarios para trabajar las cosechas. Ni el Reino Unido ni Italia se han pronunciado todavía. La Primera Guerra Mundial acaba de empezar.

LOS PRIMEROS COMBATES

Cuando comienzan las hostilidades, cada bando se cree que está en condiciones de obtener una victoria rápida. Este optimismo se fundamenta en los planes militares trazados por los Estados Mayores, así como en el sentimiento de disponer de ventajas o de recursos superiores a los del adversario. Harán falta menos de dos meses de combates para que estas convicciones se hagan añicos. A mitades de septiembre, las hábiles estrategias se han venido abajo y ha habido muchas pérdidas, además de que no se ha obtenido ningún resultado decisivo. Para los ejércitos, el marcador está a cero. Lentamente, Europa se hunde en un punto muerto que, hasta 1918, la sumergirá en el conflicto más mortífero que jamás haya vivido.

LOS PLANES DE GUERRA DE LAS POTENCIAS CENTRALES

A pesar de numerosos acuerdos durante los años anteriores a la guerra, Alemania y Austria-Hungría no poseen planes en común en agosto de 1914. En ausencia de una lógica general, ambas actúan por separado, casi sin tenerse en cuenta.

Los alemanes eligen una estrategia que sigue el plan Schlieffen, elaborado de 1892 a 1909 por Alfred von Schlieffen (1833-1913), entonces jefe del Estado Mayor del Ejército Imperial, después modificado por su sucesor Helmuth von Moltke (1848-1916). Responde al doble dilema estratégico de Alemania: su situación de cerco por parte de Francia y de Rusia que le impone una guerra en dos frentes, y sus recursos demasiado limitados para enfrentarse simultáneamente a los dos adversarios con éxito. La solución que escoge Alemania consiste en buscar aplastar rápidamente a una de las dos potencias adversarias, mediante la concentración masiva de sus fuerzas, antes de volverse contra la otra. Se prioriza la derrota de Francia, porque se teme que sus tropas se movilicen más rápidamente gracias a sus infraestructuras de carreteras y de vías férreas desarrolladas. Además, la pequeña talla de su territorio permite alcanzar resultados decisivos con mayor rapidez. Sin embargo, para el Ejército Imperial es imposible atacar directamente el territorio nacional francés, ya que su frontera con Alemania está demasiado fortificada y es demasiado estrecha para permitir el despliegue de todas las tropas alemanas. Schlieffen planea así un vasto movimiento envolvente a través de Bélgica, destinado a reducir y luego a rodear a los ejércitos franceses en los Vosgos. El conjunto de la maniobra tiene que garantizar una victoria total en el oeste en seis semanas. Entretanto, las tropas que se hayan quedado en el este se colocarán en estado de defensa y se encargarán de contener a los rusos, que el Estado Mayor alemán cree —erróneamente— que tardarán mucho en movilizarse y atacar.

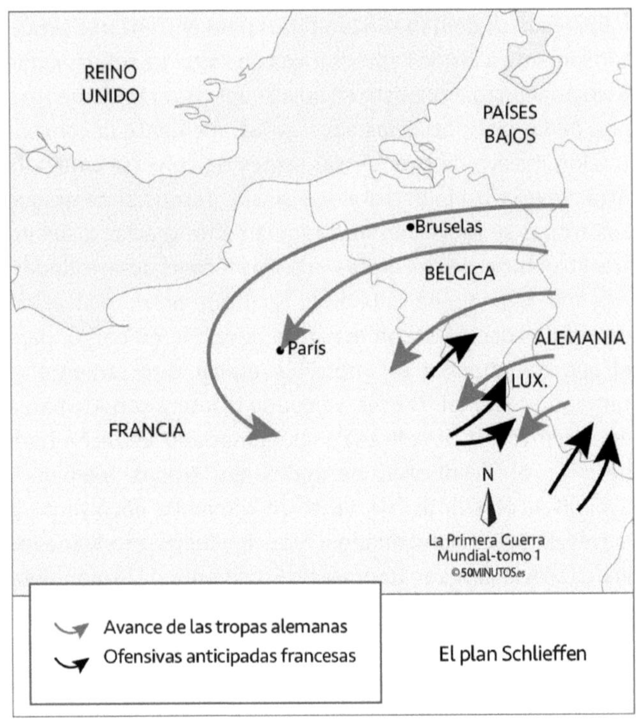

Los austrohúngaros tienen una estrategia dominada por la personalidad belicosa del jefe del Estado Mayor del ejército, Franz von Hötzendorf (1852-1925). Desde 1907, concibe continuamente planes de operaciones contra todos los vecinos de la doble monarquía, incluidos los aliados. Para responder a todas las eventualidades, Hötzendorf divide el Ejército Imperial y Real (el ejército k.u.k: kaiserlich und königlich) en tres grupos:

- el A-Staffel («escuadrón A»), el más poderoso, desplegado en Galitzia frente a los rusos;
- el Minimal Gruppe Balkan, bastante débil, situado en las fronteras de Serbia;
- finalmente, el B-Staffel («escuadrón B») que pretende reforzar al A-Staffel, al Gruppe Balkan o a otros sectores en función de las circunstancias.

En agosto de 1914, a causa de la guerra punitiva contra Serbia, el B-Staffel es enviado allí para pasar a la ofensiva; el A-Staffel está situado en la defensiva. El plan es coherente desde el punto de vista austrohúngaro pero, analizado en su conjunto, es desastroso. Alemania ataca con la mayoría de sus fuerzas en el oeste, y Austria-Hungría en el sur, ambas ignorando por completo a Rusia que, de esta forma, disfruta de una superioridad cómoda en el este, de la que sabrá sacar provecho.

LOS PLANES DE GUERRA DE LA ENTENTE

En el bando de la Entente, las estrategias se coordinan mejor. Igualmente presentan la ventaja de anticipar parcialmente el plan Schlieffen, ya que el Reino Unido, Francia y Rusia perciben claramente que el ataque alemán empezará en el oeste, aunque no saben con exactitud si pasará o no por Bélgica.

Desde el principio, el ejército francés sabe que tendrá que soportar la primera embestida. Pero el Estado Mayor francés, dirigido por el general Joseph Joffre (1852-1931), se equivoca con su idea sobre las intenciones alemanas. Aunque Joffre, como la mayoría de generales franceses, cree probable que los alemanes se concentren en Bélgica, piensa que la maniobra será limitada, limitándose a la riba derecha del Mosa, con el objetivo de abrirse camino alrededor de la ciudad de Sedán. En realidad, el generalísimo está convencido de que el grueso de las tropas enemigas está concentrado en la frontera, en Lorena, y que el golpe principal saldrá de allí. Así pues, su plan y su dispositivo militar se conciben para responder a esta amenaza. Mientras que el 5.º Ejército francés se coloca a lo largo del Mosa, en el supuesto eje de progresión de los alemanes en Bélgica, la mayor parte de las fuerzas francesas se congrega frente al Reich, entre Longwy y Épinal. Estas últimas tienen la misión de atacar lo más rápido posible en dirección de Saarbrücken. La idea, enmarcada dentro de la cultura de guerra francesa de la época, que era rigurosamente ofensiva, era de arrinconar desde el comienzo a Alemania a la defensiva con un ataque brusco y violento, preludio de nuevos ataques. En suma, se trata de tomarle la iniciativa para imponerle su voluntad. Para triunfar, sin embargo, todavía hace falta que la empresa de Joffre consiga amenazar lo suficiente al ejército alemán, que no solamente es más fuerte sino que tiene unas intenciones reales que el general desconoce.

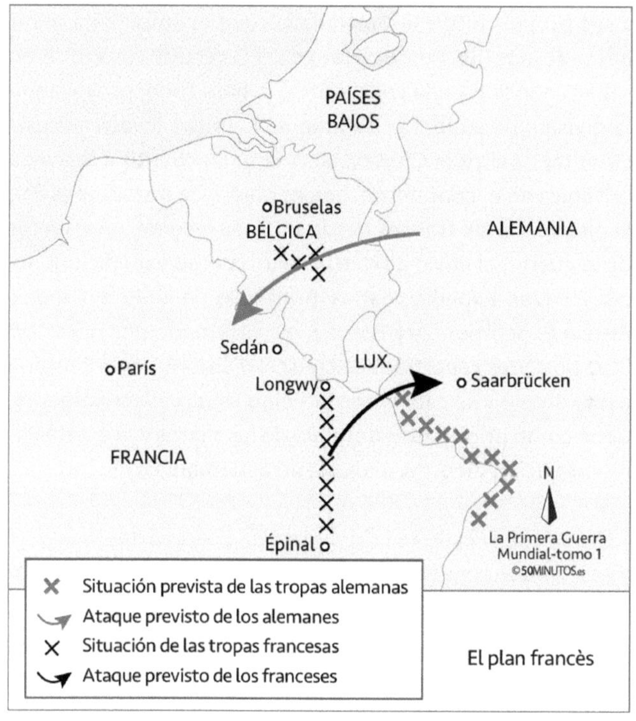

Sin embargo, los franceses podrán contar con el apoyo de los rusos y de los británicos. Los primeros, tras la convención de 1892 que garantiza una cooperación militar, les han asegurado que se lanzaría una ofensiva en el momento en el que Rusia acabase la movilización y la concentración de sus tropas, es decir, por lo menos de dos a tres semanas después del comienzo de las hostilidades. Es un plazo largo, al que se le añade otro problema: Rusia vacila entre sus obligaciones respecto a Francia, que la incita a atacar Alemania, y sus propios intereses nacionales, que la empujan a mirar hacia el lado de Austria-Hungría. El ejército ruso, que no sabe renunciar a una cosa u otra, lo hará todo, provocando la división de su fuerza de ataque: la mitad invadirá Prusia Oriental, la otra la Galitzia austríaca. En cuanto a la ayuda británica en el continente, que es objeto de discusiones con el alto comando francés desde 1905, se resume, en vísperas de la guerra, al envío a Francia de un cuerpo expedicionario, las Fuerzas Expedicionarias Británicas (o BEF, del inglés British Expeditionnary Force); está formado por unos 100 000 hombres repartidos entre seis divisiones de infantería y una división de caballería. El Reino Unido, efectivamente, tiene como prioridad el dominio de los mares y el establecimiento de un bloqueo eficaz contra Alemania.

FUROR TEUTONICUS: CUANDO ALEMANIA ENAJENA AL MUNDO

En 1914 Bélgica, con una población de 7,6 millones de habitantes, es un país rico y próspero gracias a sus numerosas minas de carbón, a sus industrias siderúrgicas florecientes, a sus sociedades comerciales dinámicas y a su inmensa colonia, el Congo. Mediante el Tratado de Londres de 1839, las principales potencias europeas se comprometen a respetar y a garantizar su independencia. Como contrapartida, el pequeño reino está obligado a mantener una neutralidad perpetua —algo que enorgullece a los belgas— que le impide tomar partido en caso de guerra entre sus vecinos. Así pues, invadirla no es tarea fácil, especialmente porque, desde el fin de los años 1880, el Gobierno belga realiza grandes inversiones para defender su independencia, erigiendo los fuertes más modernos del mundo en Namur, Amberes y Lieja. En 1909 y en 1912, algunas leyes refuerzan los efectivos del ejército, imponiendo el reclutamiento. Sin embargo, Alemania está decidida a cumplir con el plan Schlieffen, aunque tenga que burlar sus obligaciones internacionales y enfrentarse con la resistencia belga. Preocupada porque sus maniobras conserven una apariencia legal, el 2 de agosto, justo después de invadir Luxemburgo, manda un ultimátum a Bruselas, exigiendo el libre tránsito de las fuerzas alemanas en el territorio belga que, según afirma el documento —falsamente—, está a punto de ser atacado por las fuerzas francesas. Si Bélgica acepta, el Gobierno alemán la indemnizará y, en el momento de la paz, garantizará sus fronteras nacionales; si no lo hace, tendrá que entrar en guerra. Tiene 12 horas para decidirse. A la mañana siguiente, tras una noche de deliberaciones febriles, el Gobierno belga comunica su respuesta a Alemania: se opondrá a cualquier violación de su neutralidad con la ayuda de las armas. Así, Bélgica elige entrar en guerra.

El 4 de agosto, al alba, los primeros soldados alemanes cruzan la frontera belga. Algunos han recibido octavillas para repartir entre la población con el objetivo de convencerla de sus intenciones pacíficas, pero son recibidos con disparos. La noticia de la guerra desencadena en toda Bélgica una fiebre patriótica sin precedentes. Los belgas, que tienen la firme voluntad de oponerse al invasor, permanecen en bloque detrás de su rey Alberto I (1875-1934). Esta situación representa un primer desengaño para Alemania, que contaba con una resistencia simbólica de Bélgica. Sin embargo, la violación de la neutralidad belga tendrá otras dos consecuencias fatídicas: para empezar, disipa las últimas dudas del Gobierno británico sobre el hecho de entrar en guerra, algo que hará de forma oficial al anochecer del 4 de agosto; y finalmente, provoca la indignación de la comunidad internacional, que le confiere a la lucha de la Entente una inestimable legitimidad moral y, de ahí, un inmenso capital de simpatía.

Los alemanes entran en Bélgica, agosto de 1914.

El avance alemán hace que la causa de las Potencias Centrales acabe de perder popularidad. Es brutal e implacable en todas partes. Si quiere ganar la guerra, en el ejército del káiser tiene que primar la velocidad de ejecución. En un escenario semejante, el retraso más mínimo causa enfados. Así que cuando la población belga demuestra una resistencia inesperada, la respuesta tiene que ser despiadada. En Visé, donde los alemanes se encuentran por primera vez con una fuerte oposición del ejército belga, se deportan 631 civiles, se ejecutan 38, y la ciudad se quema como represalia. Lo mismo ocurre en otras ciudades, sin que necesariamente la resistencia sea considerable. La ciudad de Lovaina y su célebre biblioteca universitaria, que albergaba centenas de manuscritos medievales, son presas de las llamas después del ataque desafortunado de los alemanes. Cabe destacar que estos últimos viven en la psicosis de los francotiradores, esos combatientes irregulares que acosaban a las tropas prusianas durante la guerra de 1870-1871, causándoles graves pérdidas, hasta el punto que una simple detonación a veces es suficiente para desencadenar la venganza más terrible. En total, 5500 civiles belgas son ejecutados sumariamente por los ejércitos de invasión, a veces siendo utilizados como escudos humanos durante los combates. Sin embargo, este balance no tiene en cuenta a las víctimas de violación, de deportación, de destrucción o de saqueos, ni a las víctimas francesas, probablemente muy numerosas. La magnitud de esta violencia alimenta de forma considerable la propaganda de la Entente. Pronto, se habla por todo el mundo de «la Bélgica violada» o «mártir», entregada al furor y a la barbarie «teutónicos». Alemania, que busca por todos los medios una victoria militar, cosecha una derrota política de primer orden. Faltará ver si el destino de las armas le es más favorable.

Destrucción de Lovaina.

EVOLUCIÓN DEL FRENTE OCCIDENTAL HASTA LA BATALLA DEL MARNE

A lo largo de las primeras semanas de la ofensiva, la suerte está del lado de los soldados alemanes, y parece que el plan Schlieffen se cumple a la perfección. La plaza de Lieja, el bastión más fortificado de Europa, se toma el 5 de agosto, y la rendición de la ciudad se produce el 16 del mismo mes, tras un bombardeo de cuatro días por parte de enormes obuses Krupp de 420 milímetros y Skoda de 305 milímetros, los únicos calibres capaces de destruir la gruesa estructura de los fuertes del Mosa. A pesar de la heroica resistencia de los defensores, el sitio no retrasa más de 48 horas los planes alemanes. Después de esto, el movimiento se acelera. Mientras el ejército francés lanza en vano ataques frontales en Alsacia-Lorena, pareciendo desinteresarse por completo por lo que sucede en Bélgica, el ejército belga, con pocos efectivos y mal equipado, se retira el día 18 hacia el fuerte de Amberes, su reducto nacional. Al día siguiente, los alemanes ya están en Lovaina, y el día 20 toman Bruselas.

Sin embargo, la acción decisiva transcurre más al sur: el 21 de agosto, las tropas del káiser entran en contacto con importantes fuerzas franco-inglesas en el Sambre y el Mosa. Joffre, que analiza progresivamente el movimiento alemán en Bélgica, manda a toda prisa refuerzos a Charleroi mientras que las fuerzas inglesas del BEF, que habían desembarcado en el continente 11 días antes, toman posiciones en Mons. Durante tres días, a costa de duros combates, los Aliados logran mantener sus posiciones. Incluso los alemanes sufren graves derrotas contra los británicos, que se atrincheran poderosamente detrás del canal de Mons-Condé. Sin embargo, el día 24 de agosto, las tornas se vuelven. La fortaleza de Namur, en la que se apoyaba el dispositivo aliado, cae en manos de los enemigos. Pero la situación es todavía peor: la víspera, dos ejércitos franceses enviados al Luxemburgo belga son aplastados violentamente en una terrible batalla de encuentro, donde se producen entre 15 000 y 20 000 muertes. A corto plazo, cae sobre todas las tropas franco-inglesas que progresan en el Henao una amenaza de envolvimiento, por lo que no les queda más remedio que replegarse de urgencia. Es el comienzo de una gigantesca persecución en la que participan varios millones de hombres, y que llegará hasta el Marne.

En este momento, el desafío para Moltke, jefe del Estado Mayor alemán, consiste en no olvidarse de los ejércitos aliados en retirada. Hay que incursionar contra ellos al máximo, rodearlos y empujarlos hacia los Vosgos siguiendo el movimiento rotatorio previsto por Schlieffen para destruirlos. Precisamente aquí el plan se bloquea: a los ejércitos les cuesta acorralar a su presa. Las columnas francesas y británicas, seguidas por miles de refugiados, se escapan sin muchos contratiempos, en medio de un calor tempestuoso y a costa de un ritmo de marcha infernal que hace que a los soldados se les caiga la piel de los pies y que se desplomen a causa del agotamiento. En San Quintín y en Guisa, libran combates retardadores, algo que les hace ganar unas valiosas horas para reunirse y volverse a organizar. A esto se le añaden otros problemas para los alemanes: a medida que se adentran en Francia, sus líneas de abastecimiento se alargan, lo que hace que el aprovisionamiento de municiones y alimentos sea cada vez más difícil. Su fuerza de ataque disminuye, porque han tenido que dejar atrás algunas tropas para vigilar los territorios conquistados y mantener a raya algunos focos de resistencia, como el del ejército belga en Amberes. Asimismo, otras unidades son enviadas al frente oriental, donde la situación se ha vuelto preocupante. Finalmente, la gota que colma el vaso es que los alemanes que participan en la maniobra comienzan a mostrar defectos de coordinación, en gran parte debidos a la falta de medios de comunicación. Cuando la máquina de guerra alemana llega a los alrededores de París, donde siembra el pánico, ya ha perdido una parte considerable de su fuerza y de su potencia. Ante ella, en el Marne, franceses y británicos se concentran para lanzar el contraataque.

La batalla comienza el 5 de septiembre en el Ourcq, un pequeño afluente del Marne. Durará cuatro días y se extenderá progresivamente a lo largo de un frente de 250 kilómetros, hasta Verdún. En la opinión de algunos, anticipa el punto muerto militar de los próximos tres años de guerra. Entre Dammartin y Meaux, alemanes y franceses se entregan a incesantes ataques en una tormenta de metralla y artillería, sin que haya triunfos destacables. Lo mismo se produce en los pantanos de Saint-Gond, donde los asaltos de infantería avanzan a duras penas bajo un fuego infernal. En ambos bandos, las pérdidas son importantes, sobre todo entre los franceses, cuyos pantalones rojos y cargas a la bayoneta en filas estrechas los convierten en blancos fáciles. En este campo de batalla, que hay que abastecer constantemente, el reavituallamiento está sometido a una dura prueba. Para transportar las municiones y los hombres al frente, el ejército francés utiliza incluso los taxis de París. El 9 de septiembre, el ejército del káiser termina retirándose: está gravemente en peligro puesto que ha aparecido una brecha en su dispositivo, sobre la que se ha abalanzado el BEF. El primero, agotado, se atrinchera en el Aisne tres días después. El 14 de septiembre, Erich von Falkenhayn (1861-1922) sustituye a la cabeza de los ejércitos alemanes a Moltke, al que se le agradece su actuación. Definitivamente, el plan Schlieffen está acabado. Alemania tendrá que encontrar otras soluciones para ganar la guerra.

Escena de guerra en Meaux, 1914.

LA BALANZA EN ORIENTE

El ejército ruso es el mayor de todos los beligerantes, con 1,4 millones de efectivos en actividad y con 2,4 millones de reservistas. Por sí solo, supera en número a los ejércitos alemanes y austrohúngaros juntos. No obstante, esta imponente fuerza está muy mal equipada, poco entrenada y debilitada por los desacuerdos internos. Su existencia se justifica, sobre todo, por la defensa de las inmensas fronteras del imperio zarista y la represión de los desórdenes internos. Además, tiene que lidiar con las infraestructuras de carreteras y vías férreas extremadamente limitadas de Rusia. A esto se le añade un último defecto: el Estado Mayor ruso es incompetente, debilitado por el nepotismo del zar Nicolás II (1868-1918). A pesar de todos estos inconvenientes, ¿será capaz el ejército ruso de decantar la balanza a su favor frente a las Potencias Centrales?

Las operaciones comienzan en el norte, en Prusia Oriental. Desafiando todos los pronósticos de Schlieffen y de Moltke, los rusos terminan su movilización contra Alemania el 11 de agosto, algo realmente catastrófico para el Estado Mayor alemán. El ejército zarista ya está listo para atacar cuando el plan Schlieffen todavía está en su fase inicial. Frente a él, solamente se ha dispuesto un pequeño ejército alemán, el VIII, dirigido por el general Maximilian von Prittwitz (1848-1917). La diferencia de fuerzas es tal que el Reich corre el riesgo de verse superado en su frontera oriental. Las primeras incursiones no hacen más que acrecentar estos miedos. El 19 y 20 de agosto, en Gumbinnen, los alemanes tropiezan con el 1.º Ejército ruso del general Rennenkampf (1854-1918), que opera al norte de los lagos de Masuria, y pierden a 8000 hombres. Es un duro revés que se añade a la situación crítica que tiene lugar en el mismo momento en Prusia meridional, donde la otra mitad de las fuerzas de invasión rusas, el 2.º Ejército dirigido por Samsonov (1859-1914), está en vías de generar una grave amenaza para la retaguardia de todo el VIII Ejército alemán. Ante el desastre inminente, Prittwitz pide a Moltke que se repliegue detrás del Vístula. Para el jefe del Estado Mayor del Ejército Imperial, esto es demasiado: es evidente el jefe del VIII Ejército se ha dejado llevar por los nervios. El 22 de agosto, Prittwitz es destituido de su mando en favor de dos personajes poderosos, el general Paul von Hindenburg (1847-1934), secundado por Erich Ludendorff (1865-1937). Asimismo, desde el frente francés se envían algunos refuerzos. Les tocará resistir con esto pero, en realidad, el dúo Hindenburg-Ludendorff hará mucho más. En efecto, el avance de los rusos en Prusia Oriental se entorpece: el terreno es pantanoso y boscoso, y las redes de comunicación son escasas. El aprovisionamiento se hace esperar. Samsonov y Rennenkampf tienen muchas dificultades para mantener el contacto. Además, sus ejércitos, que están separados por 80 kilómetros, han tomado direcciones diferentes e ignoran dónde se encuentra exactamente el VIII Ejército desde su repliegue de Gumbinnen. Los alemanes, por su parte, están al corriente de la posición de sus enemigos. Del 27 al 29 de agosto, el ejército de Samsonov es rodeado en Tannenberg, donde se hacen prisioneros a 90 000 rusos y 50 000 otros resultan heridos o perecen. En cambio, las pérdidas en el bando alemán no superan a las 15 000. Dos semanas después, Rennenkampf es derrotado a su vez en los lagos de Masuria. Alemania ha evitado lo peor.

Las operaciones rusas tienen más éxito frente a los austrohúngaros. Muchos atribuyen este hecho a los resbalones de Franz Conrad, que se ha enredado con su propio plan de operaciones. Puesto que solamente preveía una guerra limitada con Serbia, ordena el despliegue del B-Staffel frente a Belgrado para pasar a la ofensiva. Sin embargo, en este intervalo, los rusos han entrado en guerra, amenazando las fronteras orientales del imperio. Como consecuencia, el jefe del Estado Mayor austrohúngaro decide reorientar el escuadrón frente al ejército ruso, incluso antes de haber podido obtener el menor éxito contra los serbios. Esta contraorden provoca un caos espantoso en las líneas de vías férreas de la doble monarquía, que retrasa la llegada de muchas unidades al frente de Galitzia. Mientras que el

B-Staffel habría tenido que estar listo para el 23 de agosto, sus primeros componentes no llegan antes del día 31. No obstante, este no será el único error de Franz Conrad. Frente a las decepciones alemanas en Prusia Oriental, empuja al A-Staffel, hasta ahora en la defensiva, a lanzar un ataque en Polonia. La decisión es fatídica: los casi 500 000 hombres que integran su grupo de ejércitos van a chocar contra una enorme masa de 1 millón y medio de rusos. Tras algunos éxitos iniciales en Krasnik y Zamosc-Komarov, el ejército austrohúngaro sufre un duro contraataque que lo frena en Galitzia. Inmediatamente después, el ejército zarista toma Lemberg el 3 de septiembre y toma la fortaleza de Przemysl, en la que 100 000 soldados austrohúngaros resisten desesperadamente. A mediados de septiembre, cuando se detiene su progresión, agotado y debilitado por los problemas de abastecimiento, ha perdido 250 kilómetros en territorio enemigo. Las pérdidas austrohúngaras son colosales: según el balance de David Stevenson, 100 000 soldados perecen, 222 000 resultan heridos y 100 000 terminan prisioneros. También se produce la pérdida del tercio del Ejército Imperial y Real, frente a 250 000 pérdidas rusas. Sin embargo, para Austria-Hungría la pesadilla no se acaba aquí: aprovechando el debilitamiento de los austrohúngaros en su sector, los serbios han frenado todos los intentos de invasión de su país, incluso adentrándose en Bosnia. Los planes y las esperanzas de la doble monarquía se han hecho añicos, y la derrota es importante. Los rusos, sin embargo, no han logrado obtener resultados decisivos: Austria-Hungría todavía no ha caído, y se mantendrá en pie durante cuatro años.

EL HUNDIMIENTO

A pesar del fracaso de sus planes iniciales, los beligerantes, a lo largo de los últimos meses de 1914, buscan todavía superar definitivamente a sus adversarios. En el frente occidental, a mediados de septiembre, Erich von Falkenhayn intenta perjudicar a los Aliados por el oeste, en el inmenso territorio que va del Aisne hasta la Mancha, pasando por el Artois y la Picardía, que hasta entonces se habían librado de los combates. Sus fuerzas tropiezan sistemáticamente con las de Joffre, que ha tenido la misma idea en el mismo instante. Estos intentos mutuos de superación desembocan en una extensión progresiva del frente hacia la Mancha, un episodio que ha pasado a la posteridad bajo el nombre algo abusivo de «carrera hacia el mar». De fracaso en fracaso, los combates se desplazan también cada vez más hacia el norte, a Bélgica, donde subsisten las últimas esperanzas de coger al enemigo por sorpresa. A partir de principios de octubre, el ejército alemán lanza varias potentes ofensivas en Flandes. A pesar de algunos éxitos, como la toma de Amberes el 9 de octubre, todas fracasan en el Yser, y luego en Ypres, donde resisten ingleses, franceses y los remanentes del ejército belga. El conjunto de estas maniobras se señala a través de batallas extremadamente confusas que anuncian, como el Marne, el bloqueo que pronto paralizará a los dos bandos en el escenario occidental: ataques frontales mortíferos, intercambios violentes e interminables de artillería, escasez de hombres y de municiones y, sobre todo, ausencia de un progreso remarcable. Con el agotamiento de la guerra, Falkenhayn elige, a mediados de noviembre, reorientar desde ese momento sus esfuerzos en Oriente, contra Rusia.

A sus ejércitos de Occidente se les da la misión de cavar nuevas trincheras, mejorar las ya existentes y resistir. Sin embargo, los Aliados no emprenderán ninguna acción considerable antes de 1915.

Trincheras alemanas en el Aisne.

En el este y hasta mediados de diciembre, los austrohúngaros intentan volver a tomar el control de Serbia, en vano. Los soldados de Franz Conrad, hostigados por las tropas serbias, mal alimentados a causa de un abastecimiento deficiente y soportando mucho frío, viven un infierno durante todas sus incursiones en Serbia, que se frenan sistemáticamente. El destino de las armas no es mucho mejor contra los rusos. Aunque el ejército austrohúngaro logra impedir nuevas penetraciones en su dispositivo, en parte gracias a la ayuda que les brindan los alemanes, fracasa por completo en su intento de liberar Galitzia.

En el norte, los proyectos alemanes y rusos no corren una suerte mejor. Rusia fracasa en su segunda invasión de Prusia Oriental en octubre, mientras que los alemanes pierden dos ofensivas en Polonia central. El único consuelo para el dúo Hindenburg-Ludendorff es la toma de Lodz el 6 de diciembre, al final de una campaña agotadora. A mediados de diciembre, los ejércitos, muy cansados, se confinan en las trincheras del Báltico en los Cárpatos. Las operaciones no se reanudarán hasta el año siguiente.

Así pues, en el otoño se produce el bloqueo completo de los beligerantes por varias razones. Además de la estrategia fallida de los dos bandos, puesto que todos los planes han fracasado, los medios militares todavía no han integrado las nuevas características de la guerra en la que están combatiendo. Efectivamente, los ejércitos nunca han sido tan grandes ni han poseído una potencia de fuego similar. Tampoco han necesitado nunca una implicación tan masiva de la economía y de la logística. En 1914, las tácticas de combate, el papel de la retaguardia y la forma de conducir a las tropas son simplemente inútiles para enfrentarse a esta situación inédita. Habrá que esperar a su transformación radical para que la guerra de movimientos se reanude.

Queda afirmar que el bloqueo también es político. Los primeros cuatro meses del conflicto han afectado de forma importante a ambos bandos, haciendo que esperasen la victoria final. La Entente supo romper el ímpetu austro-alemán y posee una superioridad moral —con la violación de la neutralidad belga—, humana y económica sobre sus adversarios. En el bando opuesto, Alemania se ha adentrado profundamente en Francia y en Bélgica, y ha debilitado a Rusia durante mucho tiempo. En cuanto a Austria-Hungría, se juega su supervivencia. En otros términos, todavía no se cumplen las condiciones para que se vuelva a la paz, y no se darán hasta 1918, en detrimento de las Potencias Centrales.

EN RESUMEN

1839
Las principales potencias europeas se comprometen a garantizar la neutralidad de Bélgica

1892
Entrada en vigor de la alianza franco-rusa

1904
Francia y el Reino Unido concluyen la Entente Cordial

1907
Los rusos firman con el Reino Unido un acuerdo similar a la Entente Cordial

1908
Austria-Hungría anexiona Bosnia-Herzegovina

1912
Mar.: Serbia y Bulgaria se alían contra Austria-Hungría y el Imperio otomano

1914
28 jun.: **Francisco Fernando de Habsburgo es asesinado**
23 jul.: Austria-Hungría manda un ultimátum a Serbia
25 jul.: Serbia rechaza el ultimátum
26 jul.: Rusia se prepara para la guerra
28 jul.: **Austria-Hungría declara la guerra a Serbia**
29 jul.: Alemania ordena a Rusia que detenga sus preparativos de guerra
30 jul.: Rusia anuncia oficialmente la movilización general
1 ag.: **Alemania le declara la guerra a Rusia**
2 ag.: Alemania manda un ultimátum a Bélgica
3 ag.: **Alemania le declara la guerra a Francia**
4 ag.: **los primeros soldados alemanes cruzan la frontera belga**
5-12 sept.: primera batalla del Marne
Mediados dic.: **los soldados se confinan en las trincheras**

- A principios del siglo XX, Europa está sacudida por grandes tensiones. Alemania, que siente que su existencia está amenazada por la Triple Entente, una red de alianzas y de acuerdos bilaterales que reúne a Rusia, Francia y Gran Bretaña, multiplica las crisis diplomáticas con la esperanza de hacer que se rompa. En los Balcanes, su aliada Austria-Hungría está con el cuchillo entre los dientes con Serbia, cuya política nacionalista eslava hace temer una separación del imperio multiétnico. Ante sus fracasos diplomáticos repetidos, en 1914 Austria-Hungría y Alemania planean arreglar sus problemas por la fuerza.

- El asesinato del archiduque Francisco Fernando por parte de un nacionalista serbio en Sarajevo les da la oportunidad de hacerlo. Tras el atentado, Austria-Hungría, apoyada por Alemania, manda un ultimátum a Serbia, con exigencias inaceptables. El Gobierno serbio no lo acepta, por lo que el 28 estalla la guerra entre Serbia y Austria-Hungría.

- El ataque de Serbia por parte de Austria-Hungría conlleva la movilización de Rusia, decidida a no entregarle a Viena su única esfera de influencia en los Balcanes. Como respuesta a esto, Alemania le declara la guerra, así como a Francia.

- Siguiendo el plan Schlieffen, el ejército alemán invade Bélgica para aniquilar al ejército francés antes de embestir contra Rusia. La violación de la neutralidad belga disipa las últimas dudas de Gran Bretaña que, a su vez, entra en guerra.

- Las ofensivas de los principales beligerantes, mal concebidas y poco coordinadas, fracasan unas tras otras. El avance de Alemania es detenido en el Marne, el de Rusia, en Tannenberg, y el de Austria-Hungría, en Galitzia y en Serbia.

- El fracaso estratégico de los beligerantes deja paso a un punto muerto en el plano militar durante otoño de 1914. El frente occidental se llena de trincheras. En el este, los ejércitos ya no avanzan. La salida de la guerra se pospone para 1915.

¡Tu opinión nos interesa!
¡Deja un comentario en la página web de tu librería en línea,
y comparte tus favoritos en las redes sociales!

PARA IR MÁS ALLÁ

FUENTES BIBLIOGRÁFICAS

- Bled, Jean-Paul. 2014. *L'agonie d'une monarchie. Autriche-Hongrie. 1914-1920*. París: Tallandier.
- Clark, Cristopher. 2013. *The Sleepwalkers: How Europe Went to War in 1914*. Londres: Penguin Books.
- De Schaepdrijver S. 2004. *La Belgique et la Première Guerre mondiale*. Bruselas: Peter Lang.
- Hénin, Pierre-Yves. 2012. *Le plan Schlieffen : Un mois de guerre – Deux siècles de controverses*. París: Economica.
- Holger, Herwig. dir. 2010. *War Planning 1914*. Cambridge: Cambridge University Press.
- Keegan, John. 2005. *La Première Guerre mondiale*. París: Perrin.
- Le Naour, Jean-Yves. 2012. *1914. La grande illusion*. París: Perrin.
- Miquel, Pierre. 2004. *La bataille de la Marne*. París: Perrin.
- Prior, Robin y Trevor Wilson. 2000. *La Première Guerre mondiale*. París: Autrement.
- Stevenson, David. 2005. *1914-1918. The History of the First World War*. Londres: Penguin Books.

FUENTES ICONOGRÁFICAS

- Ilustración procedente de *Le Petit Journal* del 18 de octubre de 1908. La imagen reproducida está libre de derechos.
- Ilustración que representa el asesinato de Francisco Fernando, procedente de *Le Petit Journal* del 12 de julio

de 1914. La imagen reproducida está libre de derechos.

- Desde su balcón, el káiser alemán anuncia a la multitud la entrada en guerra del país contra Rusia. La imagen reproducida está libre de derechos.
- Los alemanes entran en Bélgica, agosto de 1914. La imagen reproducida está libre de derechos.
- Destrucción de Lovaina. La imagen reproducida está libre de derechos.
- Escena de guerra en Meaux, 1914. La imagen reproducida está libre de derechos.
- Trincheras alemanas en el Aisne. La imagen reproducida está libre de derechos.

en50MINUTOS.es
Historia
Economía y empresa
Coaching
EL DIAGRAMA DE ISHIKAWA
Solucionar los problemas desde su raíz
Material Método Máquina
Madre Naturaleza Medida Hombres
LA GUERRA DE PALESTINA DE 1948
DOMINA EL ARTE DEL NETWORKING